VIE

DE SAINT GUALDRIC.

VIE

DE SAINT GUALDRIC,

Par M. l'Abbé CASAMAJOR.

PERPIGNAN.

Librairie SAINT-MARTORY, rues de la Barre & de la Loge.

—

Pierre Bardou Job, Imprimeur,
Rue Saint-Sauveur, 18.

1869.

PRÉFACE.

La vie de saint Gualdric, que j'offre à tous mes compatriotes du Roussillon, et particulièrement à ceux d'entre eux qui cultivent la terre, est une œuvre d'histoire et de piété.

Au point de vue historique, chacun remarquera combien la gloire posthume de l'humble et saint Laboureur est intimement liée à la vie publique de nos pères dont on disait, avec raison, qu'ils étaient les plus libres des hommes. *Qual poble es en lo mon tan franc de francheses e libertats ?* car chrétien et libre sont synonymes.

Au point de vue religieux, le saint Laboureur était pour nos pères, comme il est encore pour nous-mêmes, un patron, un protecteur, un avocat céleste, placé entre Dieu et nous, obtenant par ses mérites les bienfaits de la pluie en temps opportun, préservant notre pays du fléau des inondations, dirigeant les cœurs et les âmes vers Dieu.

Il y a donc entre saint Gualdric et le pays chrétien du Roussillon une vieille et glorieuse intimité qui dure depuis bientôt mille ans, une intimité formée par nos prières qui montent de nous à lui et par les bienfaits qui descendent de lui à nous. Qu'eussent dit nos pères à celui qui leur eût proposé un acte de trahison envers notre saint Protecteur?

A vous donc aujourd'hui je donne cette vie de saint Gualdric. Vous la lirez. Vous honorerez et vous prierez votre Protecteur. Vous imiterez sa patience dans le travail. Vous serez dignes de vos pères par votre grande et noble foi chrétienne.

Saint-Estève, le 8 décembre 1869, fête de l'Immaculée Conception de la Sainte-Vierge.

VIE
DE SAINT GUALDRIC.

I.

Du nom de saint Gualdric.

Le nom de notre Saint se trouve écrit de diverses manières. Claude Chastelain, par exemple, dans son martyrologe universel, écrit : saint Galdry. Peyronnet, docteur en théologie, et de Toulouse, c'est-à-dire bien placé pour connaître l'orthographe de ce nom, écrit : saint Goëry. Le P. Pierre Marie d'Auzers, de la compagnie de Jésus, se rapproche de l'orthographe de Peyronnet, en écrivant : saint Goeric. Cependant d'Expilly, dans son dictionnaire géographique; Cassini, dans ses tables topographiques; les auteurs du Dictionnaire Universel de la France, comme en général tous les auteurs français, écrivent : Saint Gaudéric ou Gaudérique. Mais nous autres Roussillonnais, qui avons pris le saint Laboureur pour l'un des patrons de notre diocèse, nous écrivons et nous prononçons *San Gal-dric* ou *San Gualdric.*

Le nom de *Gualdric,* si l'on regarde à son étymologie, n'est pas dépourvu de sens. Le G et le double W, dans les vieux noms francs, se prennent indifféremment l'un pour l'autre. Ainsi l'on disait, à volonté, Willel-mus ou Guillelmus (Guillaume); Walbertus ou Gual-bertus; Walterus ou Gualterus; Waldricus ou Gualdri-cus (Gualdric). Or, Wald ou Guald signifiait, en langue franque, *puissance*; et *Ric* signifiait *riche*, dans la même langue. D'où l'on voit clairement que le nom de saint Gualdric avait le sens de *puissant riche* ou de noble seigneur.

Notre Saint avait-il effectivement cette grande *puis-sance* et ces *richesses* qui attirent l'attention des con-temporains et que son nom affirme ? Non. Ses pères avaient bien pu être des puissants et des nobles parmi les Francs ; quant à lui, il n'était qu'un humble laboureur.

II.

Qui a écrit la vie de saint Gualdric?

En premier lieu, il faut citer, parmi ces écrits bio-graphiques, les leçons du Bréviaire dans l'office ecclé-siastique de saint Gualdric, en usage autrefois dans les provinces du midi de la France.

En second lieu, Vincent Doménec, qui a inséré la biographie de notre Saint dans l'histoire générale des Saints catalans. Ce pieux écrivain prit la peine de parcourir jusqu'à quatre fois toute la Catalogne, afin de rechercher et d'étudier dans les archives tous les documents qui étaient de nature à lui fournir des lumières. C'est au prix de ces consciencieuses et pénibles recherches qu'il écrivit son histoire, après quoi il mourut, en 1606, à Gérone, en odeur de sainteté. Remarquons ici que Vincent Doménec déclare avoir emprunté ce qu'il dit de saint Gualdric au bréviaire du diocèse d'Elne et à un vieux manuscrit de Saint-Martin-du-Canigó. Pour ce manuscrit de Saint-Martin, il ne remontait pas, intégralement du moins, à une antiquité bien reculée, puisqu'il y est question d'un miracle qui eut lieu en 1483.

Réginald Poc, en 1627, publia un opuscule relatif aux deux saints laboureurs Gualdric et Isidore, intitulé : *Compendio de la vida, muerte, y milagros de los dos gloriosos labradores San Galderique de Canigon, y San Isidoro de Madrid, repartido en dos libros por el Padre presentado F. Reginaldo Poc, natural de Planolas, de la Orden de Predicatores, doctor y cathedratico de theologia en la antiquissima universidad de Perpiñan. Perpiniani, tipis Ludovici Roure.*

C'est-à-dire :

« Histoire abrégée de la vie, de la mort et des miracles des deux glorieux laboureurs saint Gualdric du Canigó et saint Isidore de Madrid, divisée en deux livres, par le Père soussigné, F. Réginald Poc, de Planolas, de l'ordre des Prêcheurs, docteur en théologie et professeur en l'antique université de Perpignan. Perpignan, imprimerie de Louis Roure. »

Il est inutile de citer d'autres écrivains plus récents.

III.

Vie de saint Gualdric.

Saint Gualdric naquit, vers l'an 820 ou 830, dans le village de Viéville, nommé aujourd'hui Saint-Gaudéric (département de l'Aude, arrondissement de Castelnaudary). Ses parents formaient une nombreuse famille d'agriculteurs, attachés aux travaux de la terre, nourris des espérances du ciel. L'humilité de sa naissance fut comblée de grâces et de précoces vertus. Il fut fidèle aux inspirations de Dieu, car, parvenu à l'âge d'homme, il éclipsait la sainteté des plus parfaits.

D'un caractère naturellement résolu, patient comme Job, Gualdric tenait tête, sans aucun abattement, aux chagrins et aux adversités. Mais doué, en même temps, d'une âme ouverte à toutes les tendresses chrétiennes, qui sont l'expression de la charité, cet homme de Dieu s'affligeait et pleurait des peines d'autrui plus même que ceux qui en étaient frappés.

Il avait l'inviolable habitude d'assister chaque jour au saint sacrifice de la messe. C'était le moment précieux pour lui où il donnait librement carrière à la ferveur de son âme. Si les travaux des champs lui accordaient plus de loisir, on le voyait prier beaucoup plus longtemps agenouillé dans l'église.

Au sortir de la messe, il se dirigeait, humble et grave, dans la campagne, et au travail de l'agriculture il mêlait constamment l'exercice de la prière. Jamais, un jour de fête, il ne mit la main au manche de la charrue et ne traça un sillon; mais, assidu aux offices divins, il ne sortait de l'église, ces jours-là, que pour rentrer dans sa maison, et là encore son âme continuait à s'entretenir avec Dieu.

Parties de plaisir, réunions bruyantes des jeunes gens, en un mot tout ce qui dissipe la sérénité de l'âme ou altère la pureté de la conscience, il l'évitait avec le plus grand soin.

Dans les choses divines comme dans les choses humaines, le pieux laboureur était également occupé de rendre à chacun ce qui lui appartient : rendant à Dieu ce qui est à Dieu, et au prochain ce qui est au prochain. Car il ne fut jamais soupçonné d'avoir jeté un seul regard ou un seul désir de convoitise sur des biens qui ne lui appartenaient pas. Il était juste avec scrupule. Mais il distribuait aux veuves, aux orphelins, aux pauvres une partie de son propre avoir, espérant, au prix de ses aumônes, acheter des trésors dans le ciel. Il ne se trompait pas.

Saint Gualdric avait deux frères. Il les pénétra si bien de ses sentiments religieux que l'un et l'autre, à son exemple, s'élevèrent à une haute perfection chrétienne et que leur mémoire, longtemps après leur mort, était encore bénie.

Ce pauvre laboureur, si riche de vertus, fidèle au travail des champs qu'il ne maudissait pas et qu'il sanctifiait par la patience et la prière, attentif à faire le bien dans l'intérieur de sa maison, large et même prodigue dans ses aumônes, pieux et recueilli dans l'église, Dieu, en récompense de ses mérites, lui accorda le don des miracles. Malheureusement son humilité nous a caché bien des prodiges et, d'un autre côté, les années et les siècles, en s'écoulant, ont effacé dans le souvenir des hommes un grand nombre de faits miraculeux, qui avaient excité l'admiration de ses contemporains.

Un jour, par exemple, saint Gualdric ordonna à son domestique d'étendre sur l'aire des gerbes de blé, afin de les battre. Le ciel était parfaitement serein, et le domestique s'empressa d'obéir aux ordres de son maître. Mais voici que tout à coup — pour la gloire de Dieu, il est vrai, et pour révéler la sainteté de Gualdric — le ciel se couvre d'un noir et épais nuage. C'est une tempête, une trombe qui retentit et qui éclate. Alors, l'homme de Dieu s'agenouille au milieu de son aire, il prie et demande au Seigneur de préserver sa moisson. A peine cette prière est-elle sortie de son cœur, que l'orage formidable, se déchirant précisément au-dessus des gerbes, ne laisse tomber que quelques petites gouttes d'eau sur l'aire de saint Gualdric, et ravage et emporte la récolte des champs voisins.

Lorsque saint Gualdric entendait la cloche de l'église sonner la salutation angélique, il avait l'habitude de s'agenouiller aussitôt, quelque part qu'il se trouvât, dans sa maison, dans son champ, dans les rues de son village; car il avait une extraordinaire dévotion envers la Très-Sainte-Vierge Marie. Or, le sonneur du village eut un jour la pensée, dans un esprit de moquerie, de sonner la salutation angélique au moment où saint Gualdric traversait, nus pieds, une certaine petite rivière qu'on appelle les *Mathieux*. N'ayant aucun égard à l'eau qui coulait autour de ses jambes, le saint Laboureur, au premier coup de cloche, s'agenouilla. Le sonneur, perché sur la tour de l'église, dut bien rire du succès de sa malice; mais il ne rit pas longtemps. Dieu, qui connaissait la piété de son serviteur, arrêta le cours de l'eau et fit surgir du fond de la rivière une couche de sable sec où saint Gualdric put s'agenouiller et réciter sa prière. Mais alors le sonneur, descendant du clocher, courant, criant au miracle, se précipite aux pieds du Saint, s'humilie, lui demande pardon de ses railleries et raconte lui-même, à qui veut l'entendre, et la faute qu'il avait commise et le miracle dont il vient d'être témoin.

IV.

Dé la Salutation Angélique.

Saint Gualdric avait-il, en effet, l'habitude de réciter la salutation angélique? Ceci demande quelques explications.

Bien avant l'époque de saint Gualdric, dans le VIe siècle, la salutation angélique était déjà une prière populaire en Syrie. Cette prière, traduite du syriaque en latin, dit : *« Pax tibi, Maria plena gratia : Dominus noster tecum. Benedicta tu inter mulieres, et benedictus est fructus, qui est in utero tuo Jesus-Christus. Sancta Maria, mater Dei, ora pro nobis, inquam, peccatoribus. Amen. »*

C'est-à-dire en français :

« Paix à vous, Marie pleine de grâce : que notre Seigneur soit avec vous. Vous êtes bénie entre les femmes, et béni Jésus-Christ, le fruit qui est dans votre sein. Sainte Marie, mère de Dieu, priez pour nous qui sommes des pécheurs. Amen. »

Une autre traduction latine de la même prière, faite également sur le texte syriaque, s'exprime ainsi :

« Pax tibi, Maria gratia plena. Dominus tecum, benedicta tu inter mulieres et benedictus fructus, qui est in utero solus Christus. Sancta Maria mater Dei, ora pro nobis, inquam, peccatoribus. Amen. »

En français :

« Paix à vous, Marie pleine de grâce, le Seigneur est avec vous, vous êtes bénie entre les femmes, et béni le Christ unique fruit de votre sein. Sainte Marie, mère de Dieu, priez pour nous qui sommes des pécheurs. Amen. »

Une certaine forme de salutation angélique, la première qu'on trouve en occident, fut introduite par le Souverain Pontife saint Grégoire-le-Grand, dans l'offertoire de la messe du IVe dimanche d'Avent. Il est vrai qu'elle n'exprime que les paroles de l'ange à Marie et qu'elle est plutôt une antienne, dont la liturgie s'enrichissait, qu'une prière destinée à passer dans les usages du peuple.

Mais, dans un document du IXe siècle, notez bien, car c'est précisément l'époque où vivait saint Gualdric, nous lisons qu'un évêque du midi de la France importa d'Espagne dans son pays, l'Aquitaine, l'usage de réciter la salutation angélique. L'Espagne devait cette prière à saint Ildefonse, car on lit dans sa vie : « Le bienheureux évêque vit Notre-Dame assise sur son trône.... Aussitôt s'agenouillant et les yeux fixés sur elle, il récita et il répéta plusieurs fois la salutation de l'ange : « Je vous salue Marie, pleine de grâce, le Seigneur est « avec vous, vous êtes bénie entre les femmes et béni « le fruit de votre sein. » Cette salutation finie, il la recommençait.

Cette même formule se trouve, en Espagne, dans la liturgie mozarabique ; mais au lieu des mots : « Votre sein est béni, » on dit : « parce que vous avez enfanté le Sauveur de nos âmes. *Quia Salvatorem peperisti animarum nostrarum.*

Ainsi, à l'époque de saint Gualdric, un certain usage de la salutation angélique s'introduisait dans le midi de la France. Et pourquoi notre Saint, animé d'une si tendre dévotion envers la Sainte-Vierge, aurait-il fermé son âme à ce nouveau courant de piété ? Mais recueillons encore d'autres précieux détails.

V.

De l'antiquité de l'Angelus ou Salutation Angélique.

Le savant Mabillon dit : « Le Souverain Pontife Jean XXII décréta la récitation de cette prière trois fois répétée à l'heure du couvre-feu, sous bénéfice d'indulgences. — Le Synode de Sens, en 1346, à propos de ce décret du Pape Jean XXII, statua ce qui suit : « Nous ordonnons, de par l'autorité dudit Concile, d'observer inviolablement le décret du Pape Jean XXII, de sainte mémoire, qui prescrit la récitation de trois *Ave Maria* à l'heure du couvre-feu, et où certaines indulgences sont accordées. »

Le même Synode, de son autorité propre, ajouta trente jours d'indulgence et chaque évêque vingt jours, en faveur de ceux qui réciteraient un *Pater* et un *Ave* pour l'Eglise, pour le roi, la famille royale et le royaume.

Dans la suite, on ne s'en tint plus à l'heure du couvre-feu, mais on récita l'*Angelus* au milieu du jour et le matin. Car, en 1368, le Synode de Lavaur prescrivit, sous peine d'excommunication, aux Recteurs et Curés de faire sonner une cloche chaque matin au lever du soleil, et à ceux qui réciteraient à genoux cinq *Pater* en l'honneur des cinq Plaies de Notre-Seigneur Jésus-Christ, et sept *Ave Maria*, trente jours d'indulgence étaient accordés.

Certains statuts, datés du commencement du XVIe siècle portent : « Dans toutes les maisons de notre ordre (des Chartreux) établies au royaume de France, chaque jour, à midi, la cloche sera sonnée pour l'*Ave Maria,* suivant les prescriptions du Saint-Siége, de la même manière que le soir à l'heure des Complies, pour la conservation de la paix du royaume; chaque personne desdites maisons dira trois *Ave Maria,* et, d'après l'indult apostolique, trois cents jours d'indulgence sont attachés à cette prière, en faveur de toute personne dûment pénitente et confessée. »

L'établissement définitif de l'usage de l'*Angelus* en France remonte donc, à ce qu'il semble, au commencement du XVIe siècle.

VI.

Saint Bonaventure et la Salutation Angélique.

Wadding, dans ses annales des Frères-Mineurs, raconte les actes d'un chapitre général de cet ordre, tenu en 1269; il rapporte donc que saint Bonaventure recommanda à tous les Frères de se faire une règle d'exhorter, soit en particulier, soit du haut de la chaire, tous les fidèles à réciter trois fois les paroles de la salutation que l'ange avait adressées à la Vierge mère de Dieu, quand ils entendraient sonner les trois coups de cloche vers le commencement de la nuit. Saint Bonaventure, partageant l'opinion d'autres Docteurs de l'Eglise, croyait que c'était l'heure où l'archange Gabriel avait porté à Marie son message relativement à l'incarnation du Verbe éternel. Alors commença l'usage, depuis répandu dans toute l'Eglise, de réciter la prière de l'*Angelus.*

Mais saint Bonaventure fut bien moins le créateur que le propagateur de cette pratique religieuse, et en voici la preuve. Le chapitre général, dont parle Wadding, eut lieu en 1269; or, on lit du Pape Grégoire IX, qui occupa le Saint-Siége apostolique de l'an 1227 à l'an 1241, que « Il institua l'usage universel et la coutume, que l'Eglise chrétienne conserve encore, de sonner les cloches après le coucher du soleil et de prier à ce signal la Vierge mère de Dieu. » — Et ailleurs on lit du même Pape qu' « Il avait ordonné de sonner les cloches à la messe au moment du Lever-Dieu et pour la salutation angélique. »

VII.

Saint Gualdric et le Miracle de la Salutation Angélique.

Ces recherches sur l'origine de la salutation angélique montrent clairement que l'Eglise, pour satisfaire la pieuse dévotion des fidèles, a cherché, pendant des siècles, une formule de prières simple et profonde, naïve et glorieuse, sublime et populaire, et qu'après plusieurs essais, dont les plus anciens remontent à la primitive Eglise, les Papes du XIIIᶜ siècle ont enfin créé cette formule que tout l'univers catholique a reçue avec une sorte d'acclamation.

Qui ignore aujourd'hui que le son de la cloche, le matin, à midi et après le coucher du soleil, nous invite à saluer Marie mère de Notre-Seigneur Jésus-Christ, en lui adressant les paroles de l'ange inscrites dans l'Evangile ? Qui ne sait que cette prière, d'une exquise simplicité et d'une profondeur mystérieuse, est enrichie d'indulgences ? Et puis, n'est-il pas beau de prier ainsi pour glorifier la Sainte-Vierge, pour demander le triomphe de l'Eglise chrétienne et pour implorer le bienfait de la tranquillité et de la paix sur notre patrie?

Or, saint Gualdric, en s'agenouillant dans la petite rivière des *Mathieux*, allait-il réciter véritablement l'*Angelus* comme nous le disons nous-mêmes? Non, cette formule n'était pas encore trouvée. Disait-il peut-être le *Salve Regina*, qui est aussi une prière de salutation? Non, car le *Salve Regina* ne fut composé que cent ans après. Il faut croire que saint Gualdric avait la précieuse habitude, en entendant sonner la cloche de sa paroisse, de saluer la Sainte-Vierge et de lui adresser à genoux une fervente prière, probablement la prière importée d'Espagne.

VIII.

Mort de saint Gualdric.

Le saint Laboureur, brillant de vertus, chargé de mérites, célèbre par ses miracles beaucoup plus que son humilité ne l'aurait voulu, atteignit doucement à un âge très-avancé. Il en était au point de son voyage terrestre, d'où les âmes saintes entrevoient déjà l'aube des jours éternels. Une miséricordieuse révélation de Dieu lui fit connaître le jour et l'heure de sa mort qui était prochaine. Accablé enfin sous le poids des ans et de la maladie, ce vieillard, blanchi dans la pratique de la vie chrétienne, reçut les derniers sacrements. Jésus, qu'il avait tant aimé, venait le prendre par la main et le conduire dans le voyage qui mène à l'éternité. Avant son dernier soupir, la Sainte-Vierge lui apparut, portant dans ses bras l'Enfant-Divin, et ensuite un ange s'avança auprès de son lit et lui présenta une belle couronne de lis entrelacés.

C'est au milieu de ces ravisantes consolations que saint Gualdric expira le 16 octobre de l'an 900.

Une vieille peinture de Saint-Martin-de-Canigó, faite d'après ces renseignements historiques, représentait saint Gualdric jouissant d'une vision de la très-Sainte-Vierge. Poc, dans le livre que nous avons déjà mentionné, nous dépeint saint Gualdric revêtu comme un homme des champs, tenant d'une main la faucille et de l'autre une poignée d'épis. Les deux peintures sont également bonnes : la première célèbre un fait particulier, glorieux et miraculeux; la seconde, résume la vie entière du saint Laboureur, humble, champêtre et laborieuse.

A peine saint Gualdric eut-il rendu à son créateur son âme très-pure, qu'une innombrable multitude accourut aussitôt des villages d'alentour, afin de vénérer ses dépouilles mortelles et d'assister à ses funérailles. Il fut enseveli avec les pieux honneurs que l'Eglise décerne aux restes corruptibles, mais destinés à la résurrection, des plus humbles de ses enfants. Nulle distinction humaine ne marqua sa tombe. Il fut couché, à la manière des pauvres, dans le cimetière du village, attenant à l'église paroissiale. Mais les distinctions que les hommes ne songeaient pas à donner au corps du Saint, Dieu même allait bientôt les lui accorder.

Dieu, en effet, qui élève ceux qui s'abaissent volontairement et qui glorifie d'une manière admirable ceux qui l'ont glorifié, ne permit pas que les dépouilles de son serviteur demeurassent inconnues et sans gloire. Les miracles de jour en jour se multipliaient sur cette fosse sans nom, à tel point que les fidèles, vivement émus, s'adressèrent aux prêtres des églises voisines,

✝

les suppliant de placer dans quelque lieu honorable des reliques du saint Laboureur. La fosse fut donc ouverte. Un parfum exquis s'exhalait de ces reliques qui furent transférées, au milieu de la plus grande vénération, dans l'église de Viéville.

Or, l'an du Seigneur 1014, Guiffre, comte de Cerdagne, fils d'Oliba Cabréta, comte de Bésalu, bâtit le monastère de Saint-Martin-du-Canigó, dans les monts Pyrénées du Roussillon, l'enrichit de grandes donations, y établit des Religieux de l'ordre de Saint-Benoît, et, afin de donner plus d'éclat au nouveau monastère, il eut la pensée d'envoyer en France certains de ses serviteurs, avec la mission d'en rapporter des Reliques.

C'est donc là, à Saint-Martin-du-Canigó, que vint reposer le Corps-Saint, glorieusement accueilli au milieu des miracles, honoré par une extrordinaire vénération de tous les villages voisins : grâce à Notre-Seigneur Jésus-Christ, qui, avec le Père et le Saint-Esprit, règne dans les siècles des siècles. Amen.

IX.

Canonisation de saint Gualdric.

Touchant la vie de saint Gualdric, nous avons dit tout ce qu'il est possible d'en savoir. Il nous reste maintenant à parler de sa gloire posthume.

D'abord, ces fidèles qui s'émeuvent à la vue des nombreux miracles opérés sur la fosse de notre Saint, et ces prêtres qui, cédant aux désirs de tout un peuple, retirent d'un cimetière commun les Reliques de saint Gualdric pour les déposer avec plus d'honneur dans la tombe d'une église, rien de tout cela ne donnait le droit de décerner à l'humble Laboureur la gloire des autels. Ni les simples fidèles, ni les simples prêtres n'ont qualité pour trancher cette sublime question de sainteté.

Mais entre l'année 900, date de la mort de saint Gualdric, et l'année 1014, date de la fondation de Saint-Martin-du-Canigó, les Reliques du Laboureur furent solennellement transportées à Narbonne, où se tenait un Concile, et c'est alors, qu'aux applaudissements du midi de la France, le nom de Gualdric fut inscrit sur le catalogue des Saints.

L'Archevêque de Narbonne avait convoqué en Concile les évêques ses suffragants. Chacun de ces Prélats avait apporté, suivant la coutume de ces temps, les Reliques les plus célèbres des Saints qu'il avait dans son diocèse : afin que la présence des corps-saints rendît leur assemblée plus digne de vénération, et afin d'être eux-mêmes mieux inspirés de la lumière divine par la puissante intervention de ces amis de Dieu. L'Évêque de Toulouse était présent. Témoin du témoignage unanime que tout le peuple rendait en faveur de la sainteté de Gualdric, il prit à cœur de faire glorifier ses reliques vénérables. Le Concile se tenait justement dans une campagne aride, frappée de sécheresse; bientôt le peuple accouru en foules innombrables, commença de manquer d'eau pour boire et à souffrir de l'aridité des lieux. Un sentiment de commisération inspira aux Évêques la pensée de chercher un remède à tant de maux; ils décident de recourir à Dieu par l'intervention des Saints. Une fois ces prières décrétées, ils portent dans une procession triomphale les Saintes-Reliques et entre autres les restes du saint Laboureur; tous les prêtres s'étaient joints à leurs Évêques. Qu'arriva-t-il ? C'est qu'à peine les illustres prélats et leur vénérable clergé avaient commencé leurs prières, une fontaine, par un miracle des Reliques de notre Saint, se prit à couler à larges flots et n'a plus cessé d'être abondante.

Vincent Doménec, comme les antiques monuments de l'église de Mirepoix, raconte le même prodige, et il nous fait entrevoir le lieu où se tint ce Concile. «Avant que les Reliques de saint Gualdric fussent transportées en Roussillon, nous dit-il dans son texte espagnol que je traduis, l'Archevêque de Narbonne convoqua un Concile au lieu dit *cien arboles, cent arbres.* »

Réginald Poc dit la même chose.

X.

Punition de voleurs sacriléges.

On lit dans les documents de l'église de Mirepoix : « Le culte et la vénération du peuple pour saint Gualdric progressaient rapidement; l'on obtenait de Dieu, par son intercession, des bienfaits chaque jour nouveaux; enfin, chacun se croyait en toute sûreté, soi et ses biens, une fois placé sous sa protection. Cette confiance n'était jamais vaine.

« Il arriva qu'un jour un des grands seigneurs de la province, homme pervers, envoya ses soldats dans l'église de saint Gualdric pour faire main basse, avec une audace sacrilége, sur les dépôts que plusieurs paysans y avaient placés, comme dans le lieu le plus sûr qu'il fût possible de trouver. Chargés d'un grand butin, les pillards sortirent de l'église; mais la main divine ne tarda pas à venger l'insulte qui venait d'être faite à notre Saint.

«Une rixe s'éleva entre ces malfaiteurs; ils en vinrent aux coups les plus meurtriers; tous périrent et il n'en resta pas un seul pour empêcher les paysans volés de reprendre chacun son bien. Quant à l'inspirateur du coup de main, frappé subitement d'une honteuse lèpre, il vomit, au milieu des plus affreux tourments, son âme sacrilége. »

XI.

Enlèvement des Reliques de saint Gualdric.

Vincent Doménec s'exprime ainsi : « L'an du Seigneur 1014, Guiffre, comte de Cerdagne, fils du seigneur Oliba Cabréta, comte de Bésalu, après avoir édifié le monastère du Canigó, de l'ordre de Saint-Benoît, et l'avoir pourvu de grandes richesses, envoya deux hommes avec la mission de lui rechercher de saintes reliques, afin d'en orner le nouveau temple qu'il venait de bâtir ».

C'est exactement ce qu'on lit dans une brève chronique de Saint-Martin-du-Canigó, insérée dans les Miscellanées de Baluze : « L'an du Seigneur 1001 , le comte Guiffre commença d'édifier le monastère de Saint-Martin-de-Canigó. L'an du Seigneur 1014, Selva, moine de Saint-Michel-de-Cuxa, fut élu premier abbé. La même année, les Reliques de saint Gualdric, confesseur, furent portées des environs de Toulouse. »

Jérôme Pujade consacre un chapitre entier à raconter l'enlèvement des Reliques de saint Gualdric. D'après lui, ce n'est point deux hommes que le comte Guifre envoya, mais, et ce qu'il présume est très-raisonnable, « des moines de Saint-Martin-de-Canigó, bien escortés de quelques laïques de bonne condition. »

Quoi qu'il en soit, ces hommes religieux, envoyés par un puissant seigneur qui ne cherchait qu'à devenir un saint, se mettent en campagne, avec autant d'audace que de finesse, et surtout avec une ardente piété dans le cœur. Où vont-ils ? Pèlerins de la nuit, comme des voleurs, quoique moines et nobles, ils suivent des chemins peu fréquentés ; ils entrent inaperçus dans les villes, dans les villages ; partout où un corps-saint repose, ils secouent les serrures de la porte des églises champêtres ou des cathédrales, car ils ne vont pas demander des Reliques : on les leur refuserait ; ni en acheter, l'argent à la main : ce serait une sorte de simonie ; ils ne cherchent qu'à les enlever, unique moyen d'en devenir possesseurs.

En ces temps-là on se posait cette question : est-il permis ou est-il défendu de voler de saintes reliques ? Les plus pieux, qui en étaient avides, estimaient qu'un pareil larcin était une *œuvre pie.*

Quand cette passion des choses saintes se réveille à ce degré dans l'âme d'un peuple, on peut d'avance prophétiser qu'il fait ou du moins qu'il est à la veille d'accomplir des actions glorieuses. Ici le souffle des croisades se faisait déjà sentir. On allait partir pour Jérusalem. Le tombeau de Jésus-Christ, sainte Relique par excellence, attirait comme un irrésistible aimant des millions de bras. En même temps, un mouvement de renaissance carlovingienne commence d'ébranler les imaginations ; des épopées, en langue française, semblent naître par enchantement, franchissent le Rhin et les Alpes, et établissent partout la prépondérance pacifique de notre nation par les œuvres de l'intelligence. Saint Louis et saint Thomas d'Aquin en France, et en pays catalan, don Jayme Ier, qui se battit soixante ans contre les Maures, et saint Raymond de Lulle, le docteur miraculeusement illuminé, devaient clore, après deux ou trois siècles de merveilles, l'ébranlement de l'Europe qui se rattache à l'an 1000.

« Suivant les ordres du comte Guiffre, continue Vincent Doménec, les envoyés arrivèrent dans la campagne de Toulouse, et ici et là, examinant toutes les églises, ils cherchent à deviner où il y a des corps saints et le moyen le plus sûr de les enlever. Ils entrent dans le village de Viéville. Une église, dont les murs tombent en ruines, dont la porte disjointe n'est pas même fermée à clef, dont personne absolument n'a la surveillance, attire leur attention : c'est l'église de saint Gualdric. Grande joie naturellement dans le cœur des messagers du comte Guiffre. Le trésor tant cherché est sous leur main. Au milieu du profond silence de la nuit, ils entrent dans cette église à l'abandon, où reposent les Reliques du saint Laboureur.

« Mais un grand miracle les arrête d'abord. Ils ont beau faire, le tombeau du Saint leur résiste ; ils n'en peuvent ni remuer, ni briser la pierre qui le couvre. C'est un signe qui manifeste la vénération que nous devons porter aux serviteurs de Dieu. Les pieux voleurs, stupéfaits et ne sachant plus comment se tirer d'embarras, commencent d'invoquer la miséricordieuse bonté de Dieu et s'adressent au Saint lui-même : « Glorieux saint Gualdric, si vous nous permettez d'emporter d'ici vos Reliques sacrées, nous faisons vœu de les placer en tel lieu où elles seront magnifiquement honorées dans la suite ».

« Après ces prières, ils retournent au tombeau qui

semble maintenant s'ouvrir de lui-même. Avec autant de dévotion qu'ils le peuvent, ils enlèvent ces ossements sacrés, les recueillent en des boîtes préparées d'avance, et, heureux d'emporter un si grand trésor, ils se hâtent de reprendre les chemins qui mènent en Roussillon.

XII.

Un miracle en voyage.

Le prêtre, qui avait la charge de l'église de Viéville, nous dit encore Vincent Doménec dans sa narration, sut par une révélation divine comment les saintes Reliques avaient été enlevées et en quel endroit, faible consolation, il en retrouverait une parcelle.

Car, d'après une tradition qui doit inspirer assez peu de confiance, les pieux voleurs, fuyant rapidement, ne suivant guère les grands chemins, avaient dû s'arrêter dans l'impossibilité de franchir un certain précipice. Fatigués d'un long voyage rapidement accompli, ils s'étaient assis et se reposaient. Le vent, peut-être une tempête qui se déchaînait, leur emporta une parcelle des saintes Reliques, sans qu'ils y prissent garde.

Quoi qu'il en soit, le prêtre de Viéville, miraculeusement averti, se dirigea vers le lieu qu'une révélation lui avait indiqué; il y trouva, effectivement, une parcelle du corps saint, la recueillit et la rapporta avec la plus grande vénération dans son église où beaucoup de miracles s'opérèrent en faveur de ceux qui imploraient l'intercession de saint Gualdric.

Les messagers du comte Guiffre, de leur côté, ne perdaient point leur temps. Ils ne tardèrent point à mettre pied dans le pays du Conflent, qui était l'heureux terme de leur voyage. Eux et leur précieux butin, ils entrent enfin dans Vinça. Une pieuse femme leur donne l'hospitalité, à boire et à manger, et adresse mille questions à ses hôtes au sujet de leur voyage. Ceux-ci, rendus confiants par la joie de leur cœur, comme des gens qui viennent d'échapper à de grands périls, ne se font pas beaucoup prier, et racontent leur expédition et remettent à la pieuse femme le dépôt des saintes Reliques.

La nuit survenant, les messagers du comte vont se reposer dans leur lit, et la bonne femme enferme en lieu sûr le dépôt qui lui est confié. Mais, au milieu de la nuit, lorsque tous dormaient, une jeune fille qui était dans la maison, paralytique depuis sa naissance, se lève doucement, se traîne jusqu'aux saintes Reliques, et, priant et veillant, elle supplie Dieu de lui rendre la santé, par l'intercession de saint Gualdric. Sa longue prière finie, les nerfs de la jeune fille, depuis si longtemps roidis, s'assouplirent et elle retrouva miraculeusement la santé. Il est inutile de répéter les actions de grâces qu'elle adressa à Dieu et à saint Gualdric.

Mais le matin, quand la pieuse femme se leva, elle fut bien surprise de trouver la pauvre fille si bien portante, et aussitôt à l'insu des messagers du comte Guiffre, qui dormaient encore probablement, elle ouvrit hardiment la châsse et en retira une parcelle du corps saint, qu'elle cacha et garda. C'est ainsi que l'église de Vinça possède aujourd'hui une côte de saint Gualdric. Mais ce larcin ne demeura pas sans châtiment. Du bassin où cette femme avait caché la Relique, une vive flamme se prit à jaillir, qui mit en cendres tout ce qu'elle avait dans la maison de plus beau, de plus cher et de plus précieux. Bien plus, à peu de temps de là, elle même mourut et tous ses fils.

XIII

Réception des saintes Reliques à Saint-Martin-du-Canigó.

La montagne du Canigó tire son nom de sa forme et de ses neiges éternelles : *canum jugum*. Belle montagne qui est la tête sublime et blanchie d'une province. De loin, elle attire le regard par son jet d'une altitude de près de 3,000 mètres, élancement de granit d'un dessin dont rien au monde ne surpasse la puissance et la pureté ; de près, la montagne du Canigó est tout un grand système de forêts mystérieuses, de vallées profondes, d'abîmes, de rochers superposés, de glaciers, de lacs, de cascades, de rivières ; un monde entier se cache dans ses flancs.

Sur la rive droite d'un des affluents de la rivière de la Têt, en un lieu grandiose et sauvage, à égale distance, où peu s'en faut, de la base et du sommet du Canigó, le comte Guiffre, par une inspiration véritablement hardie, conçut et réalisa le projet de suspendre une abbaye ; c'était entre le ciel et la terre, pour ainsi dire : abbaye aujourd'hui ruinée, silencieuse dans ses tristes décombres et que le Canigó semble pleurer. Qui nous donnera un comte Guiffre et des âmes éprises d'étude et de silence pour rendre cette abbaye à cette montagne? Cette parure à cette beauté? Cette œuvre de la religion à cette œuvre de Dieu?

Mais au lieu de sonder l'avenir, qui n'appartient

qu'à Dieu, racontons le passé qui appartient à l'histoire.

Les messagers du Comte, porteurs des saintes Reliques, marchaient d'un pied rapide sur le chemin qui de Vinça les devait conduire à Saint-Martin-du-Canigó. Ils allaient au triomphe. L'abbé de Saint-Martin, prévenu de leur arrivée imminente, triomphant de bonheur, envoie à leur rencontre quelques Religieux pour faire honneur aux saintes Reliques. Ce cortége, grossissant à mesure, se dirigeait à travers les montagnes, vers l'abbaye de Saint-Martin-du-Canigó.

Dès qu'on eût signalé l'arrivée de saintes Reliques sur le territoire du Vernet ou de Castell, les Religieux de la jeune abbaye, qui venait de naître dans un vrai désert, sortent en procession, chantant des hymnes et des cantiques, portant à la main des flambeaux allumés, en grande solennité, précédés de la croix. Ils reçoivent le corps saint sous les yeux des multitudes de fidèles qui étaient accourus, et les déposent auprès de l'autel de saint Martin.

Or là même, Dieu, par l'intercession de son serviteur, fit un nombre presqu'infini de miracles, rendant la vue à des aveugles, l'ouïe à des sourds, l'usage de leurs jambes à des boiteux, la parole à des muets, la force à des infirmes, autant de malheureux qui étaient venus de bien loin, dans l'espoir d'une miraculeuse guérison.

L'abbaye de Saint-Martin tressaillait d'allégresse et le comte Guiffre, de prince devenu simple moine, voyait clairement que son œuvre, inspirée par la foi, était bénie de Dieu.

XIV.

Nouveaux miracles en 1015.

Moins d'une année après la réception solennelle des saintes Reliques, une sécheresse désastreuse affligeait le Roussillon. Le sol, privé d'humidité, n'avait ni herbes ni fleurs ; les torrents, les rivières étaient jonchés d'un sable aride ; toute récolte semblait perdue dans les champs. Accablé par ce fléau, le peuple monta jusqu'à l'abbaye et demanda aux Religieux de porter le corps saint dans un endroit où il fut facile aux pèlerins de venir en grand nombre présenter au Saint leurs prières et leurs supplications. Loin de repousser ces pieux désirs, les moines de Saint-Martin s'empressèrent de porter le saint Trésor et d'autres Reliques à l'endroit désigné : c'était l'église de Saint-Pierre de Prades qui leur paraissait en même temps et bien située et offrir toute la sécurité nécessaire.

Mais avant d'avoir parcouru la moitié du chemin entre l'abbaye de Saint-Martin-du-Canigó et l'église de Saint-Pierre de Prades, les porteurs, écrasés par le poids miraculeux de la châsse, furent contraints de s'arrêter. Le vénérable Abbé, non moins surpris que les autres, se mit aussitôt en prières avec tous ceux qui l'accompagnaient. On était donc là, sur le chemin, arrêtés et en oraison, quand on vit s'approcher un pauvre malheureux qui, en poussant des gémissements, se prosterna devant la sainte châsse. Il priait. Or, tandis qu'il priait ainsi, tous voyaient des flots de sang lui jaillir des oreilles. Il se releva enfin, mais heureux, content, guéri. Il raconta que depuis longtemps il souffrait d'une terrible douleur dans les oreilles et que par la miséricorde de Dieu et l'intercession de saint Gualdric, le miracle de la guérison venait de lui être subitement accordé.

On se remit en marche ; la sainte châsse était redevenue légère et l'on arriva dans l'église de Saint-Pierre. De là, le dimanche dans l'octave de l'Ascension, les saintes Reliques furent transférées à l'abbaye de Saint-Michel-de-Cuxa, qui était la mère de l'abbaye de Saint-Martin-du-Canigó, et reçues avec de grands honneurs. Enfin le corps saint, sous l'escorte de quelques Religieux de Saint-Michel, et d'une nombreuse assemblée de fidèles, fut reconduit à l'abbaye du Canigó.

Mais quel fut le résultat de cette longue procession du corps saint ? Par la volonté de Dieu et l'intercession du saint Laboureur, une pluie abondante sauva les récoltes.

Voici un fait analogue dont Vincent Doménec nous a conservé le souvenir : « Une autre fois, ce fléau de la sécheresse compromettait encore les récoltes. De nombreux fidèles vinrent, en conséquence, prier les Religieux de Saint-Martin de porter le corps de saint Gualdric sur une montagne éloignée de l'abbaye. Leur demande fut comme toujours bien accueillie et le jour convenu, des multitudes d'hommes et même de femmes se dirigèrent, à la manière des suppliants, vers la montagne désignée, chantant des hymnes et portant en procession des reliques des villages voisins. Il arriva qu'une nuit où l'on faisait la procession du corps saint sur ces hauteurs âpres et désertes, un vent violent s'éleva tout à coup qui éteignit tous les flambeaux ; mais, au même instant, et par la permission de Dieu, une flamme descendit du ciel et les ralluma.

Cependant, depuis plusieurs jours, on était sur la montagne, demandant, sans l'obtenir, le bienfait de la pluie, quand un homme de basse condition s'insurgea et se prit à poursuivre de ses outrages les prières qu'on adressait à Dieu et au Saint. Au même instant souffla un vent si violent que cet homme fut renversé, précipité : ce que chacun attribua à la vengeance de Dieu. Ce pécheur comprit son crime et s'en repentit, et faisant tout pour l'expier, il priait saint Gualdric de lui obtenir son pardon. Dieu alors, par l'intercession de son serviteur, opéra un double miracle : il donna la santé à ce blasphémateur converti et l'abondance de la pluie aux prières de ses fidèles.

XV.

1384. Peste de Perpignan.

Un agriculteur de Villalongue avait un fils aveugle et en outre paralysé dans tous ses membres. Il se rendit avec le pauvre enfant auprès de saint Gualdric et le supplia de rendre la santé à son fils. En effet, Dieu voulut bien guérir subitement l'infirme de sa paralysie et quant à la vue, elle revint insensiblement. Mais parlons d'une plus horrible calamité et d'un plus éclatant miracle.

L'an du Seigneur 1384, une grande peste envahit la ville de Perpignan, tout le Roussillon, le Conflent, la Cerdagne et plusieurs autres cantons. La calamité était si terrible que du mois de novembre au mois de mars, dans la ville seule de Perpignan, il mourut, hommes et femmes, environ huit mille personnes.

On se réunit en assemblée dans le but de trouver le

moyen d'apaiser la colère de Dieu : et il fut décidé qu'on supplierait l'abbé de Saint-Martin-du-Canigó de leur envoyer les Reliques de saint Gualdric, car chacun était convaincu que Jésus-Christ, apaisé par l'intercession du Saint, cesserait d'accabler la ville des coups de son fléau.

Vu la nécessité des temps et écoutant d'ailleurs les inspirations de sa foi, l'Abbé de Saint-Martin agréa immédiatement la demande qui lui était faite. Des Religieux du Canigó prirent donc le corps saint, et à peine entré dans Perpignan, chose miraculeuse, la peste disparut. Les infirmes, les malades accouraient auprès des saintes Reliques, priaient et s'en retournaient guéris. Ces miracles se renouvelaient chaque jour.

Une fois la peste chassée de la ville, l'Abbé et ses Religieux vinrent ensemble à Perpignan pour y reprendre les saintes Reliques. Ce retour dans la montagne fut une sorte de triomphe. Le peuple accompagnait d'un village à l'autre le corps saint dans toutes ses étapes.

C'est à cette occasion, sauf erreur, que saint Gualdric fut proclamé le second Patron du diocèse de Perpignan.

XVI.

1483. Pluie miraculeusement obtenue. Peste de Vinça.

En 1483, le Roussillon et le Conflent étaient en proie à une telle sécheresse que, par l'effet d'un châtiment divin, les torrents ni les rivières ne versaient plus une goutte d'eau. Or, que faire ? Les agriculteurs en larmes accoururent auprès du révérendissime Abbé de Saint-Martin-du-Canigó, et le supplièrent de leur permettre de transporter les saintes Reliques dans la chapelle de Notre-Dame de Domanova. L'Abbé accueillant leurs pieux désirs, le corps saint est aussitôt emporté. Tous les agriculteurs, tout le peuple, des multitudes accoururent, priant, n'ayant qu'un même but. On vit bien là encore et la miséricorde de Dieu et la puissante intercession de saint Gualdric : une pluie bienfaisante sauva les récoltes et les menaces d'une peste se dissipèrent du même coup.

La peste était déjà dans Vinça. Au moment où l'on célébrait l'office divin dans la chapelle de *Domanova*, à l'occasion de l'arrivée des saintes Reliques, deux Consuls de Vinça, à la tête de quarante hommes de cette localité qui avaient échappé au fléau, vinrent demander aux Religieux de s'arrêter à Vinça et de porter le corps saint autour de la ville, lorsqu'ils repartiraient pour la montagne; car, disaient-ils, les malades avaient une ferme confiance de recouvrer la santé, s'ils pouvaient seulement, soit de leurs fenêtres, soit du seuil de leurs portes, voir passer le corps saint.

Il fut fait suivant leurs vœux. Toute la population de Vinça sortit à la rencontre des saintes Reliques et se mêlait, dans sa ferveur, aux porteurs de la châsse. Les Religieux s'aperçurent bien qu'ils étaient entourés de pestiférés et qu'ils couraient les plus grands périls ; ils résolurent néanmoins de parcourir les rues et les places de la petite ville, et grâce à la confiance qu'ils avaient en la Sainte-Vierge et en saint Gualdric, ils crurent pouvoir impunément traverser le danger. Une longue procession se déroulait ainsi dans les rues de Vinça, tantôt s'arrêtant sur les places publiques et tantôt dans les chapelles et les églises.

Cependant les pestiférés, qui ne pouvaient point sortir, ne manquaient point de se traîner sur le seuil de la porte de leurs maisons, saluant de leurs larmes et de leurs prières les Reliques de saint Gualdric.

Peu de jours après, la terrible maladie avait disparu, par la volonté de Dieu, et les malades avaient trouvé une miraculeuse guérison.

XVII.

Pieuses coutumes de nos pères.

Les Reliques de saint Gualdric, d'abord placées auprès du maître-autel de l'abbaye de Saint-Martin-du-Canigó, furent plus tard, dit Jérôme Pujades, transférées dans une chapelle qui servait de chapitre aux Religieux. La vénération à l'égard du corps saint demeurait inaltérable et des miracles se produisaient journellement. Pujades, comme on sait, écrivait au commencement du XVII° siècle.

Mais les Reliques de saint Gualdric n'étaient pas, pour ainsi dire, immobiles dans l'abbaye de la montagne; car, d'après le témoignage de Réginald Poc, toutes les fois que la plaine du Roussillon ressentait la calamité de la sécheresse, les Consuls de Perpignan se réunissaient en conseil et délibéraient, avec *les douze hommes de saint Gualdric*, sur l'opportunité d'envoyer deux ou trois laïques, accompagnés d'autant de prêtres, à Saint-Martin-du-Canigó, dans le but d'obtenir du révérendissime Abbé et de ses Religieux la permission de porter dans la plaine les Reliques de saint Gualdric.

Si l'Abbé agréait la demande de la ville, les saintes

Reliques étaient portées processionnellement, et chaque village que l'on traversait ajoutait quelques fidèles au cortége. La nuit de leur arrivée, on les déposait, à ce qu'il semble, au chapitre de la cathédrale, et le lendemain au plus bas degré du maître-autel.

De grandes prédications, du haut de la chaire, commençaient alors, pour exciter dans les cœurs la haine et la détestation du péché, cause de tous les malheurs; on organisait des processions qui se rendaient d'église en église; et enfin, quand on avait obtenu le bienfait de la pluie, on chantait un *Te Deum* en actions de grâces.

Réginald Poc prit lui-même une part fort active à l'une de ces solennités, en l'année 1626; car, à la suite de son travail sur la vie de saint Gualdric, il nous donne le sermon qu'il prêcha alors. Non-seulement les chanoines et les prêtres séculiers étaient invités à ces prières publiques, mais encore les Religieux des dix couvents de Perpignan et les Religieuses de quatre ordres. On peut, d'après cela, juger de la solennité de ces prières. Cette même année, remarque Réginald Poc, Dieu nous accorda, par l'intercession de saint Gualdric, trois jours de pluie et une récolte très-abondante dans la Cerdagne et le Roussillon. Or, suivant l'ancienne coutume, les Perpignanais, après le bienfait reçu, offrirent un présent, en témoignage de leur reconnaissance, à l'abbaye de Saint-Martin-du-Canigó, en l'honneur de saint Gualdric, et ce fut, en 1626, une châsse de bois fort distinguée et revêtue de soie.

« Dans l'espace de douze ans, dit Réginald Poc, la très-fidèle ville de Perpignan a daigné m'écouter, et, à peu près chaque année, j'ai fait ce voyage de Saint-Martin-du-Canigó. Une année, entre autres, où le noble chevalier Gualdric Pages remplissait les fonctions de consul, je fus deux fois invité à faire ce voyage, l'une vers la fin d'octobre, où il était urgent de semer les blés, et l'autre dans le mois de mai où les épis se forment et commencent à mûrir. » Et ce professeur de l'antique université de Perpignan ajoute que le peuple Roussillonnais avait toujours la même foi très-vive dans l'intercession de saint Gualdric.

Tout ceci ne prouve nullement que le corps-saint fut chaque année transporté en Roussillon.

XVIII.

Continuation du même sujet.

On trouve dans les vieux documents de notre pays une autre pieuse coutume de nos pères, qui n'était déjà plus en usage du temps de Réginald Poc. Quand la plaine du Roussillon était brûlée par une longue sécheresse, Perpignan déléguait au monastère du Canigó quatre ou six hommes, les plus honorables de la ville, et avec eux un chanoine du collége de Saint-Jean.

Ils portaient une offrande à saint Gualdric; pendant trois jours consécutifs ils adressaient au Saint des prières publiques; et arrivés au lieu dit *Coll de san Gualdric*, à deux jets de pierre de l'abbaye de Saint-Martin-du-Canigó, ils s'arrêtaient en priant. Là se faisaient la bénédiction de la terre, des conjurations à l'air et autres offices de piété, dans le but d'obtenir la pluie. Le dernier jour, à moins qu'il ne plût ou qu'il n'eût déjà plu, ils plongeaient dans l'eau la tête de saint Gualdric; mais un quart d'heure avant de mettre ce rite en pratique, ils formaient sur la montagne une grande colonne de fumée, afin d'avertir les villages rapprochés de Castell, du Vernet, de Cornella, de Villefranche et même peut-être aussi tous les habitants du Conflent et du Roussillon. C'était le même signal qui, en des temps plus reculés, indiquait l'arrivée des Maures sur les côtes de la mer. Chacun était averti, par cette colonne de fumée, qu'on était au terme des grandes supplications.

Lorsqu'on plongeait dans l'eau la tête de saint Gualdric, une prière était récitée où l'on disait à Dieu : *Que de même que le chef du Saint était dans l'eau humecté et rafraîchi, il lui plût de rafraîchir par la pluie la terre aride, qui n'était plus qu'une poussière brûlante.* Que si, après la pratique sollennelle de ce rite, la pluie ne tombait point, alors on se préparait à porter les saintes Reliques dans la ville de Perpignan.

Une seule fois ces prières publiques ne furent point exaucées. Le corps saint, inutilement gardé dans la ville, fut redemandé par les Religieux du Canigó. La procession qui allait vers la montagne et les envoyés de l'abbaye qui descendaient vers la plaine, se rencontrèrent au *Col de Terranera,* c'est-à-dire, entre Boule-Ternéra et Ille. Un Religieux de Saint-Martin, homme simple, sans aucune malice, s'avança au-devant de la châsse du Saint et lui adressa des paroles ardentes et même très-âpre, discours qui ressemblait à de la haine, et qui n'était que l'expression d'une âme remplie de foi chrétienne et d'amour.

Dieu, qui fait plus d'attention aux sentiments profonds de l'âme qu'aux paroles qui sonnent, Dieu, qui aime les cœurs simples, écouta la prière de l'humble Religieux, et la pluie, depuis si longtemps désirée, tomba enfin.

Réginald Poc observe que cette coutume de tremper dans l'eau les saintes reliques, fut, à quelque temps de là, formellement prohibée. Elle se perpétuait, sans doute, en d'autres pays, puisque on peut lire dans les décrets de la Congrégation des Rites, imprimés en 1808 : « *S. R. C. die sabbati XIX januarii 1619 : Nullo modo licere sub praetextu cujusvis consuetudinis, imo verius abusus, lignum SS. Crucis, et sanctorum Reliquias ad impetrandam a Deo pluviam tempore siccitatis in aquam immergere aut madefacere.*

C'est-à-dire :

« Sacrée Congrégation des Rites, ce samedi 19 janvier 1619 : Il n'est permis en aucune façon, sous prétexte de coutume, ou bien plutôt d'abus, de tremper dans l'eau ou de mouiller le bois de la très-sainte Croix, et les Reliques des Saints, pour demander à Dieu la pluie dans un temps de sécheresse. »

XIX.

Intercession de saint Gualdric contre les inondations et les pluies inopportunes.

Non-seulement saint Gualdric a toujours été invoqué dans notre pays durant la calamité si fréquente des sécheresses, mais nous recourons à lui pour nous préserver également des pluies inopportunes et des inondations. Recueillons ici une antique tradition de l'abbaye de Saint-Martin-du-Canigó.

Deux Religieux, disait-on, étaient partis de cette montagne pour les affaires de la communauté. Ils n'avaient pas encore fait la moitié de leur voyage, qu'une pluie qui survint les contraignit de s'arrêter; et tout indiquait que ce temps pluvieux ne touchait pas à sa fin. Que firent alors les pauvres Religieux ? Ils prièrent le Saint : « Obtenez-nous, lui dirent-ils, la grâce que vous aviez autrefois demandée vous-même et obtenue, lorsque vos gerbes étaient couchées sur votre aire et qu'il pleuvait sur les champs voisins, sans que votre aire fût mouillée. » La pluie cessa effectivement, les nuages se dissipèrent et les deux Religieux purent se remettre en voyage.

Bien que depuis 1787 l'abbaye de Saint-Martin soit déserte et que ses vieilles murailles, ouvertes aux vents, aux neiges et à la pluie, tombent maintenant en ruines, le culte de saint Gualdric demeure toujours jeune, en Roussillon, et fervent comme au temps de nos ancêtres.

« Lorsque, dit M. V. Puiggari, qui a dû écrire en français et dont les paroles sont sous mes yeux traduites en latin, lorsque le monastère de Saint-Martin-du-Canigó fut supprimé et sécularisé, les Reliques de saint Gualdric furent transférées dans l'église cathédrale de Perpignan, et placées dans le tabernacle qui leur était depuis longtemps assigné, où elles sont venérées d'une manière spéciale, surtout pendant la pénurie ou la trop grande abondance de la pluie.

XX.

Du culte de saint Gualdric dans le diocèse de Perpignan.

Relativement à l'ancienneté du culte de saint Gualdric dans le diocèse de Perpignan, le savant M. V. Puiggari écrivait : « J'ai vainement cherché le vieux Bréviaire de notre diocèse, que Réginald Poc affirme avoir eu entre ses mains, et vraiment je crains fort qu'à l'avenir mes investigations ne soient pas plus heureuses. Depuis 1575, le clergé de Perpignan récite, le jour de la fête de saint Gualdric, l'office commun des Confesseurs non pontifes. Sauf un cantique en langue catalane, qui est l'œuvre de Réginald Poc, nous n'avons aucune hymne propre. Ce qui est peut-être digne de remarque, c'est la prose de la messe de saint Gualdric, telle qu'elle se lit dans l'ancien missel d'Elne, imprimé, en 1511, à Barcelone, chez Jean Rosentach, allemand, et maintenant soigneusement conservé dans la bibliothèque du grand séminaire de Perpignan. » Réginald, comme M. V. Puiggari, fait mention de la messe de saint Gualdric, insérée dans l'ancien missel du diocèse.

La première strophe de l'offertoire dit :

Hodiernum celebra
Festum magno gaudio
Gauderici honore
Festivo praeconio.
Turba gaudet angelorum
In coeli palacio,
Et in terris clericorum
Hilaretur concio.

La strophe de la communion s'exprime ainsi :

Ave, sol justitiae,
Et stella claritatis,
Ros misericordiae,
Pater pietatis :
Nos ad regem gloriae
Perducas cum beatis.

A l'époque où cette messe était en usage, la confrérie de saint Gualdric dans l'église de Saint-Jacques, où l'on remarquait une statue dorée du Saint, existait-elle dejà ? Quoiqu'il en soit, les *douze hommes de saint Gualdric,* dont il a été question, étaient membres de la confrérie et il incombait à la confrérie de donner le plus d'éclat possible aux prières publiques que la ville de Perpignan adressait chaque année à notre Saint.

Aujourd'hui l'office de saint Gualdric, dans le diocèse de Perpignan, se célèbre sous le rite Double Majeur du commun des confesseurs non pontifes, sans *Credo,* sauf la présence d'une relique insigne du Saint. D'où l'on voit qu'il ne nous reste même plus l'usage de cette oraison de saint Gualdric, que Réginald Poc nous a conservée dans son livre :

« *Deus, qui B. Gaudericum confessorem tuum contra pestilentiam et terrae sterilitatem protectorem dedisti, concede ut ejus meritis et intercessione a labe peccati liberemur in terris, et abundantia gloriae tuae fruamur in coelis. Per.....*

XXI.

On aimera, sans doute, à trouver ici le Cantique en langue catalane, œuvre de Réginald Poc, et qui est toujours chanté dans nos églises.

GOIGS.

Als qui confian de vos,
Sens nigun dubte y recel,
Ajudáunos desdel cel,
Galderich, sant gloriós.

1.

De fels pares imitareu
L'offici de llaurador,
Y ab ells sempre treballareu

En la vinya del Senyor;
De moltats virtuts sembradas
Cullireu fruyt copiós.
  Ajudáunos, etc.

2.

Forcu Job en paciencia,
Y en lo plorar Jeremías,
Rellevant ab gran prudencia,
Agenas melancolías.
Sentint los treballs del proxim
Mes que si fossen de vos.
  Adjudáunos, etc.

3.

Volgué Deu omnipotent,
En temps de gran tempestat,
Que la vostra era y froment,
Tingués gran serenitat,
Peraque vist lo miracle,
Tots respectássen á vos.
  Ajudáunos, etc.

4.

La gran llum de vostre exemple
Excitaba santa vida;
A visitar son sant temple,
Deu per vos als homens crida
Fent que los dos germans vostres
Imitássen sempre á vos.
  Ajudáunos, etc.

5.

Los pobres tiranizats
Haventvos fet un present,
De llur tirá deslliurats
Se véren encontinent;
Y en castich, uns se mataren
Y'l princep torná leprós.
   Ajudáunos, etc.

6.

Quant los sants Pares portaren
De Tolosa al sant convent,
Maravellas grans obráren,
A vista de molta gent,
Descubrint per los effectes,
Lo que ab Deu sou poderós.
   Ajudáunos, etc.

7.

En haver edificat,
Guyfre, comte de Cerdanya,
Lo monastir que ha illustrat
De Canigó la montanya,
De tenir vostras reliquias,
Se tingué por molt ditxós.
   Ajudáunos, etc.

8.

Quant vos fan oració
Y'us tráuhen ad reverencia
Per la vostra intercessió,
Ve á parar la pestilencia,

Donáu temps seré en diluvis,
Y en la sequedat plujós.
    Ajudáunos, etc.

TORNADA.

Puig s'agrada Deu de vos
Com de altra just Abel,
Feu baixar pluja del cel
Galderich sant gloriós.

XXII.

Je vous ai montré de siècle en siècle, et presque année par année, depuis l'an 1014, le culte fervent que nos pères ont toujours rendu à saint Gualdric. Nos pères étaient-ils donc des païens? Je sais, moi, qu'ils nous ont transmis la foi chrétienne dans toute sa pureté. Je sais aussi qu'ils se sont glorieusement battus contre les Maures, afin que le sol catalan ne perdît rien de sa vieille liberté. Je sais encore qu'ils allaient d'un cœur ferme au-delà des mers combattre, la tête haute et l'épée à la main, pour la délivrance du saint tombeau de Jésus-Christ. Je sais enfin que, épris de science, parce qu'ils étaient chrétiens, ils fondaient l'Université de Perpignan, que nous n'avons plus. Il n'y a donc guère que des fils ingrats qui puissent dire du mal de nos pères.

Je vous ai montré, dans l'histoire de notre pays, une longue série de bienfaits et de miracles que nous devons à la protection céleste de saint Gualdric.

L'Ecriture-Sainte nous enseigne que chaque nation, chaque ville, chaque famille, chacun de nous a son ange gardien. Or les Saints, pour nous garder du mal, s'unissent aux anges. Saint Denis, saint Rémy, saint Louis protégent la France; saint Jean-Baptiste, sainte Eulalie, sainte Julie, saint Gualdric protégent notre Roussillon. Il n'y a guère que des insensés qui puissent entreprendre une tâche impossible et criminelle, celle de briser les liens qui unissent le ciel à la terre, le cœur des hommes au cœur de Dieu, les tristesses du travail et de la misère ici-bas aux béatitudes et aux gloires de l'éternité.

Amis, soyons chrétiens. Cette magnifique plaine du Roussillon se couvre d'oliviers, de vignes et de froment. Savez-vous pourquoi Dieu la bénit? Savez-vous pourquoi saint Gualdric aime à la couvrir de sa protection? C'est parce que cette magnifique plaine du Roussillon travaille pour l'accroissement de Dieu et pour la gloire de l'Eglise. Ses oliviers ne fournissent-ils pas l'huile du saint Baptême qui vous fait entrer dans le royaume de Dieu sur la terre? Ne fournissent-ils pas l'huile de la Confirmation qui vous communique l'audace et le courage pour combattre les bons combats? Et ne fournissent-ils pas aussi l'huile de la sainte Extrême-Onction qui vous introduit dans le ciel? Et puis est-ce que les vignes et le froment du Roussillon ne présentent pas à l'autel le pain et le vin qui se changent au corps et au sang de Notre-Seigneur Jésus-Christ pour nourrir vos âmes, pour vous diviniser?

Amis, soyez chrétiens; ayez des âmes fertiles en vertus, semblables au sol généreux que vos mains cultivent. Votre plaine se couvre d'oliviers, de vignes, de

froment, de fruits partout recherchés, d'une végétation superbe, parce que votre plaine est bénie. Il faut
aussi qu'une superbe végétation de vertus orne votre
âme, parce qu'elle est chrétienne : ornez-la de l'amour
de Dieu ; ornez-la de la noble passion d'imiter et
d'égaler ses Saints ; ornez-la de l'amour du travail ;
ornez-la de patience ; ornez-la d'économie, afin
d'avoir, quoique pauvres, de quoi donner aux pauvres ;
ornez-la de charité, afin d'aimer votre prochain, dans
un moment où l'on ne cherche qu'à semer des haines ;
ornez-la de soumission à la volonté de Dieu, dans un
moment où l'on ne cherche perfidement qu'à honorer
la révolte ; ornez-la de miséricorde et de douceur, dans
un moment où l'on ne cherche qu'à irriter et qu'à
aigrir.

Amis, jetez les yeux sur le Canigó qui est le roi de
nos montagnes. Il est fier, brillant et immobile. Savez-
vous ce qu'il vous dit ? Comprenez-vous ce qu'il vous
enseigne ? Il est l'image de votre foi chrétienne, fière,
brillante et invariable. Qui ébranlera le Canigó ? Qui
ébranlera la foi de Jésus-Christ ? Et ils lancent aujour-
d'hui des balles et des boulets de papier contre la foi
de Jésus-Christ ! Ces boulets et ces balles de papier
blesseraient plutôt le Canigó. Amis, soyez chrétiens et
laissez-les faire, car *ils ne savent pas ce qu'ils font.*

Qu'est-ce qui vous sépare de Jésus-Christ et de la
Religion ? Rien au monde. Qu'est-ce qui vous attache
invinciblement et librement à la Religion et à Jésus-
Christ ? Tout. Ôtez la Religion et Jésus-Christ, où
sera la justice pour châtier le coupable inconnu des
hommes ? Nulle part ; et cependant notre conscience
veut la justice sur la terre et au tribunal de Dieu. —
Où sera, si vous ôtez la Religion et Jésus-Christ, l'ins-

truction divine de l'Evangile dans l'Eglise? Nulle part, et l'on ferait des pauvres un vil troupeau d'esclaves gouvernés par de vilains journaux. — Otez la Religion et Jésus-Christ, où sera la différence entre l'homme et la bête? Nulle part, car ce qui distingue essentiellement l'homme de la bête, c'est la Religion. — Otez la Religion et Jésus-Christ, vous tuez la charité, vous tuez l'hospitalité, vous tuez la miséricorde, vous tuez la conscience, vous tuez la civilisation, vous tuez le monde.

Amis, soyez chrétiens!

Si l'on vous ôte la foi chrétienne, qu'est-ce qui la remplacera dans votre âme? Rien. On vous dira bientôt que vous n'êtes qu'un animal mourant tout entier à votre mort; car ils vous outrageront jusqu'à nier votre âme immortelle. — On vous dira que Dieu ne s'occupe nullement de vous, quoique vous soyez une créature de Dieu, rachetée par la mort de Notre-Seigneur Jésus-Christ Dieu fait homme. — On vous dira de pâtir et de souffrir sur la terre, comme des damnés, et de renoncer à l'espérance du ciel éternel, car ils ne croient pas à la magnificence de Dieu ni à la gloire de l'homme.

Amis, soyez chrétiens. Aimez à respirer l'air toujours sain et les bonnes traditions de votre famille; vivez, au retour des champs, dans l'intérieur de votre maison, auprès de votre femme et de vos enfants, auprès de vos pères et de vos frères, et souvenez-vous que saint Gualdric enseignait à ses proches parents la perfection de la vie chrétienne.

Amis, soyez chrétiens. Ne mettez jamais votre main, le jour du dimanche, ni à votre bêche ni à votre charrue. Si vous vous reposez au nom de Dieu, Dieu même travaillera pour vous, le jour du dimanche, votre champ, votre vigne, votre jardin. L'Evangile, qui est la vérité même sortie de la bouche de Jésus-Christ, nous enseigne cette doctrine et saint Gualdric la pratiquait. Ceux qui n'ont pas cette confiance en Dieu sont des païens ; ceux, au contraire, qui mettent en Dieu cette confiance, ceux-là sont de vrais chrétiens.

Amis, soyez chrétiens. Ne portez pas aux travaux rustiques un esprit de blasphème, de malédiction, de libertinage, de dénigrement, car cet esprit c'est l'esprit du mal, l'esprit du démon ; mais portez-y un esprit de courage, de sainte joie et de prière, car cet esprit c'est l'esprit chrétien, l'esprit de Dieu. Les foudres et les tempêtes, choses si formidables, obéissent à Dieu et ne peuvent rien contre celui qui est avec Dieu. Tandis que les récoltes des autres étaient emportées par l'ouragan, la récolte de saint Gaudérique, étendue sur son aire, recevait à peine quelques gouttes inoffensives de pluie.

Amis, je le répète encore, soyez chrétiens. Au son de la cloche, soit le matin, soit au milieu du jour, soit au coucher du soleil, saluez Marie, mère de Notre-Seigneur Jésus-Christ et le mystère auguste de l'incarnation de Dieu. Ne prenez pas garde aux moqueurs de votre piété chrétienne. Saint Gualdric avait des moqueurs autour de lui, saint Paul avait des moqueurs parmi ceux qui l'écoutaient. Le rire des moqueurs de Dieu prouve uniquement la bassesse de leur esprit. Laissons-les rire, et récitons partout nos admirables prières chrétiennes. Dieu nous écoute et c'est à lui que nous parlons : cela doit nous suffire.

Soyez chrétiens, amis. Assidus à l'église, vous grandissez. Attentifs aux explications de l'Evangile, vous

vous nourrissez de la parole de vie. Recueillis au saint sacrifice de la messe, un vrai torrent de grâces coule sur vous. Malades, mourants, agonisants, vous ne ressentez ni tristesse, ni frayeur, mais la joie surnaturelle de sortir de la terre étrangère, — qui est cette vie, — pour entrer dans la maison de votre ami et de votre Dieu, — qui est le ciel.

TABLE.

—

—

www.ingramcontent.com/pod-product-compliance
Lightning Source LLC
Chambersburg PA
CBHW051250030726
47595CB00003B/1176